Faculté de Droit de Paris.

THESE
Pour la Licence.

L'Acte public sur les matières ci-après sera soutenu,
le mercredi 26 août 1857, à neuf heures,

Par B.-Joseph BOULEY-DUPARC, né à Saint-Denis (Ile Bourbon)

Président : M. PERREYVE, Professeur.

Suffragants : { MM. BUGNET,
ORTOLAN,
DURANTON, } Professeurs.
DELZERS, Suppléant.

*Le Candidat répondra en outre aux questions qui lui seront faites
sur les autres matières de l'enseignement.*

PARIS.

CHARLES DE MOURGUES FRÈRES, SUCCESSEURS DE VINCHON,
Imprimeurs de la Faculté de Droit,
RUE J.-J. ROUSSEAU, 8.

1857.

4590

A MON PÈRE, A MA MÈRE.

JUS ROMANUM.

DE IN DIEM ADDICTIONE.

(Dig., lib. xviii, tit. 2.)

Spectant ad rem per pacta emptor et venditor, ut legibus ordinariis contractus derogent. Celeberrima pacta quæ emptioni-venditioni adjici solent, sunt pactum addictionis in diem, et lex commissoria.

Hic de pacto addictionis in diem agitur.

In diem addictio ita fit : « Ille fundus centum esto tibi emptus, nisi si quis infra kalendas januarias proximas meliorem conditionem fecerit. »

Quum fundus in diem addicitur, utrum pura emptio est, sed sub conditione resolvi potest; an conditionalis sit potius emptio, quæretur? Verum videtur interesse quid a contractibus actum sit : nam si hoc agitur, ut meliore allata conditione, possit contractum rescindere venditor, est pura emptio, quæ sub conditione resolvitur : si autem hoc agitur, ut perfecta sit emptio, nisi melior conditio offeratur, est emptio conditionalis.

Quum pure res venditur, emptor, traditione secuta, fit dominus, et, ut dixit Julianus, usucapere potest, et fructus et accessiones lucratur ; periculum pariter ad eum pertinet, si res interierit : quia interitum rei sequi non potest melior conditio.

Ubi autem conditionalis venditio est, emptor usucapere non potest, nec fructus ad eum pertinent : enim usucapionem habere non potest ex emptione quæ conditione suspenditur.

Ut ex pacto addictionis in diem, emptio resolvatur, hæc concurrere necesse est :

1° Oportere ut existat novus emptor.

Non solum novus emptor existere debet, sed etiam non falsus : enim si falsus emptor subjectus sit, priori rem esse emptam, quia non videatur melior conditio allata esse, non existente vero emptore.

Cæterum, si novus emptor non falsus est, nihil interest eum idoneum esse, necne ; quia ea venditio melior est quam venditor comprobavit, cui licuit non addicere.

2° Oportere ut melior conditio allata sit.

Si meliorem conditionem novus emptor non offert, æque dicendum erit, perinde haberi ac si non existeret.

Non dubium est quin offeratur melior conditio, si aliquid pretio sit additum. Sed, etsi nihil pretio addatur, melior conditio tamen afferri videtur, quoties venditor, quoquo modo, majorem utilitatem a novo emptore obtinet : quidquid enim venditori utile est, pro meliore conditione haberi debet.

3° Oportere ut adjectio pretii ipsam rem quæ principaliter væniit sequatur.

Ex eo quod adjectio sequi debeat rem ipsam, hinc Julianus : « Si res in diem addicta interciderit, vel ancilla decesserit, an partus vel fructus ejus nomine adjectio admitti possit? et negat admittendam adjectionem ; quia alterius rei quam ejus quæ distracta est, non solet adjectio admitti. »

Debet etiam intra diem conventionis melior conditio afferri.

4º Oportere ut venditor meliorem conditionem oblatam amplexus fuerit.

Venditori semper licet meliorem conditionem oblatam amplecti, vel eam abjicere, sequique primam emptionem.

Hoc tamen duas patitur exceptiones.

Primam statim Ulpianus affert : « Quid tamen si hoc erat nominatim actum, ut liceret resilire emptori, meliore conditione allata? Dicendum erit dissolutam priorem emptionem, etiamsi venditor sequentem non admittat. »

Quod attinet ad alteram exceptionem ait Julianus : « Sed si proponatur a creditore pignus in diem addictum, non potest videri bona fide negotium agi, nisi adjectio recipiatur. » Id est enim, ut debitor commodum adjectionis obtineat.

Tamen si inops est novus emptor, et impediendæ solum venditionis causa intervenit, potest creditor sine periculo priori emptori addicere.

5º Oportere ut prior emptor noluerit ipse adjicere.

Prior emptor anteferri semper debet, nisi non paratus sit plus adjicere.

Autem venditor obligatur, meliore conditione allata, priorem emptorem de re monere, ut, si quid alius adjicit, ipse etiam adjicere possit.

Rescisso contractu ex pacto addictionis in diem, prior emptor fructus perceptos restituere debet venditori : enim quum prior emptio ita rescindatur ut intelligatur non emisse, nulla potest esse causa quam ut fructus retineat.

Quod attinet ad expensa quæ fecit emptor, imperator Severus rescripsit : « Ita quæ prior emptor medio tempore necessario probaverit erogata, de reditu retineri, vel, si non sufficiat, solvi æquum est. »

DE LEGE COMMISSORIA.

(Dig., lib. xviii, tit. 3.)

Lex commissoria est ea qua inter se conveniunt emptor et venditor ut, si intra certam diem pretium non sit solutum, res sit inempta.

Si fundus lege commissoria vænierit, utrum conditionalis venditio est, necne, quæretur? Magis est, ait Ulpianus, ut sub conditione resolvi emptio, quam sub conditione contrahi videatur.

Emptor solutionem sustinere usque eo ut interpelletur a venditore non debet, sed pretium offerre, si vult se legis commissoriæ potestate solvere.

Quid, si emptor aliquem non habet cui offerrat? cura omnis levatur, securus est. Maxime pœnam non committit, si per venditorem stetit quominus acciperet. Sed si per eum stare desierit, et emptor in mora ipse esse cœperit, pœnam committet; ea conditione tamen ut nihil in re venditor dolo fecerit.

Venditor, si volet, legem commissoriam exercebit; non etiam invitus. Cæterum, ubi commissa lex est, indicere venditor debet utrum legem commissoriam velit exercere, an pretium petere : non potest si legem elegit, postea variare. Item, si, commissa lege, venditioni stare maluit, non potest lege uti.

Quum fundus lege commissoria vænit, si venditor non precariam possessionem tradidit, rei vindicationem non habet, sed actionem ex vendito : enim venditione dominium ad emptorem transtulit.

In hac actione venditi venit, ut emptor restituere debeat non solum quod væniit principaliter, sed etiam accessiones et fructus : nihil enim penes eum residere oportet ex re in qua fidem fefellit.

Emptor tamen non fructus venditori restituet, quando aliquam partem pretii dedit.

Emptor, rescissa venditione per legem commissoriam, partem pretii quam dedit arrhæ nomine perdit. Hoc multo magis fit, cum de eo expresse convenit.

DE RESCINDENDA VENDITIONE.
(Dig., lib. xviii, tit. 5.)

Rescinditur venditio, modo mutuo consensu, dum res integra est; modo altero invito, per sententiam judicis.

1° *De rescissione venditionis, quæ fit mutuo consensu.*

Res integræ esse debent, quam ut emptio, contractorum solo consensu, resolvi possit. Et quidem contractus, ex voluntate emptoris et venditoris, vel totus resolvitur, vel pro parte. Puta, si emptio contracta sit, togæ aut lancis et pactus sit venditor, ne alterutrius emptio maneat, Paulus putat resolvi obligationem hujus rei nomine duntaxat.

Mutuus consensus qui, ut venditionem resolvat, interponi ab utroque utiliter debet, quoquo modo significatur.

Item ex novo contractu inducitur etiam consensus resolvendi prioris. Puta, fundum tibi vendidi, deinde eumdem rursus tibi pluris minorisve vendo, discedimus ea ratione a priore emptione; potest enim, dum res integra est, nostra conventione, rescindi emptio, atque ita valet posterior emptio, quasi nulla præcesserit : sed non possimus eadem ratione uti, pretio soluto, emptione repetita, quoniam post pretium solutum perfecta est emptio.

Sed etsi eodem pretio res venditur, si posterior emptio ple-
nior sit priore, valebit, et prior rescissa habetur. Ita, quum
pupillus ante sine tutoris auctoritate, deinde tutore auctore
emit, quamvis venditor jam ei obligatus fuit, tamen, quia pupillus non tenebatur, renovata venditio efficit ut invicem obligati
sint.

Quod si ante tutoris auctoritas intervenerit, deinde sine tutore
emit, nihil actum est posteriore venditione.

Res integra videtur, cum nondum ex neutra parte obligatio
impletur.

Res non est igitur integra, si jam traditio intervenit. Item, si
res, quia interierit non tradita est, vel si pretium numeratum
est, aut pars pretii : enim, pretio soluto, infectam emptionem
facere non possimus.

2° *De rescissione venditionis, quæ fit altero invito.*

Generatim emptionem-venditionem jure perfectam, altero
invito, nullo tempore rescindi bona fides patitur. Tamen ex
certis causis rescindi potest contractus emptionis-venditionis.

Hæc præcipua causa est, cum ex lege contractus rescinditur
emptio-venditio. Hinc Diocletianns et Maximianus : « Si a te
comparavitis, cujus meministi, et convenit, ut si intra certum
tempus soluta fuerit data quantitas, sit res inempta; remitti
hanc conventionem rescripto nostro non jure petis. Sed si se
subtrahat, ut jure dominii eamdem rem retineat; denuntia-
tionis et obsignationis depositionisque remedio, contra fraudem
potes juri tuo consulere ».

Emptio pariter rescindi potest, cum venditor ultra dimidiam
justi pretii partem decipitur. In tali re, venditore pretium emptori restituente, æquum est ut fundum venumdatum recipiat,
judice intercedente; vel, si emptor hoc anteponit, quod deest

justo pretio recipiat. Minus autem est pretium
dia pars veri pretii solvitur.

Sed minor læsio ad rescindendam venditione

Hinc Paulus : « Res bona fide vendita, propter minimam causam inempta fieri non debet. »

In pretio emptionis et venditionis, ait etiam Pomponius, naturaliter licere contrahentibus se circumvenire.

Sed necesse est ut minor læsio emptionem–venditionem non resolvat, dolum et metum omnino abesse. Cæterum, cum abest dolus, licet venditor dicat pretium rei se ignorasse, minor læsio non respicitur.

Observandum est tandem, quod, rescissa per sententiam judicis venditione, dominium rei venditæ, tantum post restitutum emptori pretium, ad venditorem revertitur.

DE PACTIS INTER EMPTOREM ET VENDITOREM COMPOSITIS.

(Cod., lib. iv, tit. 54.)

Varia pacta quæ emptioni–venditioni adjici solent, hic recensebimus.

Si ea lege aliquis prædium vendidit, ut dominium ad eum pertineret, et emptor arrhas perderet, nisi intra certum tempus pretium fuisset exsolutum, fides contractus servanda est.

Hoc obtinet venditor etiam cum de eo expresse non convenit : enim, ut ait Scævola, si per emptorem factum sit quominus legi pareretur, et ea lege uti venditor velit, fundos inemptos fore; et id quod arrhæ, vel alio nomine, datum esset, apud venditorem remansurum.

In commissoria etiam convenire solent contractores, ut, si venditor eumdem fundum venderet, quando minoris vendiderit, id a priore emptore exigat. Erit itaque adversus eum ex vendito actio.

Legem commissoriam exercere non potest qui post præstitutum pretii solvendi diem, non vindicationem rei eligere, sed usurarum pretii petitionem sequi maluit : enim hoc ipso quod petiit pretii usuras, videtur legi commissoriæ renuntiasse.

Quum alicui fundum certæ rei causa de qua inter vos convenit, exiguo pretio venumdas, potest tibi ea res non esse fraudi : quando non impleta promissi fide, dominii tui jus in suam causam reverti conveniat. Et ideo aditus competens judex, fundum restitui tibi cum fructibus, sua auctoritate perficiet : præcipue cum et adversa pars, receptis nummis suis, nullam passa videri possit injuriam : quod enim hoc actum est inter contrahentes, ut, nisi hæc res sequeretur, contractus esset irritus.

Quum fundum ea lege vendidisti, ut, pretio quandocumque, vel intra certum tempus oblato, restitueretur; teque parato satisfacere conditioni dictæ, si emptor non paret, ut contractus fides servetur, actio præscriptis verbis, vel ex vendito tibi dabitur : habita ratione eorum, quæ post oblatam ex pacto quantitatem ex eo fundo ad adversarium pervenerunt.

Emptor legem obtinere potest quæ emptioni adjicitur, ut, si displicuerit, res sit inempta. In tali re, constat non esse sub conditione distractam, sed resolvi emptionem sub conditione.

Tempore contractus inter emptorem et venditorem habitam conventionem, integram servari, si ab ea posteriore pacto non recedatur; certum est.

POSITIONES.

I. Quoties fundus in diem addicitur, utrum pura emptio est, sed sub conditione resolvitur; an vero conditionalis sit magis emptio, quæstionis est? — Verum videtur interesse quid actum sit.

II. Modo sit verus novus emptor, etsi ipse emptor eum non idoneum subjecit, si ei fundus addictus est, priori non est emptus.

III. Si res in diem addicta interciderit, fructus ejus nomine adjectio admissi possit? — Minime.

IV. Si tribus vendentibus duo posteriori addixerint, unus non admiserit adjectionem; quod si uno pretio vendiderint, dicendum est totam priori emptam manere.

V. Qui lege commissoria fundum vendidit, si non precariam possessionem tradidit, rei vindicationem non habet, sed actionem ex vendito.

VI. Quum emptio-venditio resolvitur, quæsitum est si emptor fidejussorem acceperit, vel venditor stipulatus fuerit, an sponsoris resolvatur obligatio? — Hoc est.

DROIT FRANÇAIS.

DE LA RESCISION EN MATIÈRE DE PARTAGE.
(Code Nap., liv. 3, tit. 1, chap. 6, sect. 5, art. 887-892.)

L'art. 887 indique trois causes de rescision des partages : le dol et la violence, qui sont des causes générales d'annulation pour tous les contrats ; puis la lésion, qui ne produit la nullité que dans certains cas (art. 1118). Le législateur a admis avec raison ici cette cause exceptionnelle ; puisque le partage n'est point un acte dans lequel on se propose de chercher des bénéfices en courant des chances, mais une simple opération de famille qui a pour base l'égalité, et l'égalité ne permet pas que l'un des copartageants reçoive un lot inférieur à celui des autres.

Toutefois l'égalité parfaite étant impossible, la loi ne permet pas la rescision pour une lésion quelconque ; il faut que le préjudice soit considérable, et l'action n'est admise que pour celui qui n'a pas eu les trois quarts de ce qu'il devait avoir.

Pourquoi l'art. 887 ne mentionne-t-il pas, comme une cause

de rescision du partage, l'erreur, qui est cependant, comme le dol et la violence, un principe général d'annulation ? La chose eût été inutile ; attendu que, dans les différents cas où l'erreur aura eu lieu, l'héritier arrivera toujours d'une autre manière à rétablir l'égalité. Ainsi, l'erreur produit-elle une exagération notable dans l'estimation de tels biens, ou un déficit dans l'estimation de tels autres ; alors, de deux choses l'une : ou bien le préjudice souffert par l'un des copartageants ne dépasse pas le quart de ce qu'il devait avoir, et le partage, dans ce cas, ne peut pas être annulé ; ou bien le préjudice est de plus du quart, et on retombe alors dans la rescision pour lésion, etc.

La loi, après avoir indiqué dans le premier article de notre section les trois causes de rescision des partages, s'occupe spécialement de la lésion dans les art. 888-891, puis du dol et de la violence dans l'art. 892.

On peut, d'après l'art. 888, attaquer pour lésion de plus du quart tout acte ayant eu pour objet de faire cesser l'indivision, encore que cet acte fût qualifié de vente, d'échange et de transaction. Il n'y a pas lieu, il est vrai, d'après le droit commun, de critiquer, pour le simple motif d'une lésion de plus du quart, ni une vente, ni un échange, ni une transaction ; mais quand ces actes ont eu pour but de faire sortir de l'indivision, ils contiennent vraiment au fond un partage, et l'égalité doit alors y être exigée aussi rigoureusement que si la forme et le nom d'un partage avaient été pris.

Il faut remarquer, cependant, qu'un acte n'est pas rescindable pour cause de lésion de plus du quart par cela seul qu'il fait cesser l'indivision ; il faut qu'il ait été fait dans le but de la faire cesser. Ainsi, par exemple, plusieurs personnes, se prétendant appelées à une succession, sont en désaccord sur l'existence et la quotité de leurs droits ; supposons que ces personnes conviennent de renoncer à leurs prétentions réciproques et

contradictoires, au moyen de l'attribution de tel bien à tel prétendant, et de tel autre bien à tel autre prétendant; alors,
comme ce n'est pas précisément la cessation de l'indivision qui
a fait l'objet de l'acte, il n'y aurait pas lieu d'appliquer l'article 888. Dans ce cas, en effet, l'acte n'a pas seulement la
forme et la qualification d'une transaction; c'est une transaction
véritable.

Si après le partage, ou l'acte qui en tient lieu, des difficultés
s'élèvent, et que sur ces difficultés il intervient une transaction,
il est évident que le second acte n'est plus un partage, mais une
véritable transaction, et que dès lors il n'y a pas lieu de l'attaquer pour lésion.

Mais il faut, pour qu'il en soit ainsi, que les difficultés sur les-
quelles cette transaction est intervenue soient réelles et sérieu-
ses. Dans le cas contraire, la transaction, se confondant avec le
partage, est, comme lui, susceptible d'être rescindée. C'est au
juge à rechercher si la transaction a eu pour objet des difficultés
survenues postérieurement au partage, ou si elle n'est qu'un
moyen d'éluder, au moyen de deux actes, les règles de la loi
sur la lésion.

Il n'y a pas contradiction entre l'art. 889, qui refuse la rescision pour lésion, au cas de vente du droit successif, et l'article
précédent, qui l'admet pour l'acte qui a fait cesser l'indivision,
alors même qu'il est qualifié de vente : ces décisions, en appa-
rence contradictoires, se concilient parfaitement; les espèces
prévues dans ces deux articles ne sont pas, en effet, les mêmes.
Ainsi, quand un héritier vend à son cohéritier le droit indivis
qu'il a dans tels et tels objets de la succession, et achète à son
tour à son cohéritier son droit indivis sur tels et tels autres objets, on voit que chaque héritier reçoit des objets sur lesquels
il a désormais une propriété exclusive; les obligations dont ils
sont tenus en leur qualité d'acheteurs s'éteignent par compensa-

tion. Quant aux dettes de la succession, chacun d'eux continue
d'en être débiteur proportionnellement à sa part héréditaire :
il est donc évident que cette opération n'a eu d'autre but que la
cessation de l'indivision; ce n'est au fond qu'un véritable partage, rescindable pour lésion de plus du quart. Mais si, au contraire, on a entendu acheter et vendre la moitié appartenant
à l'héritier, non pas dans tels et tels objets de la succession,
mais dans la succession telle quelle, et avec la consistance
qu'elle se trouvera avoir quand on connaîtra plus tard son actif
et son passif, il est bien évident que cette vente est réelle; elle
n'a pas, en effet, pour but la cessation de l'indivision : c'est un
contrat aléatoire dont chacune des parties doit subir les con-
séquences, bonnes ou mauvaises.

Il faut, pour juger s'il y a eu lésion, estimer les objets suivant leur valeur à l'époque du partage. En effet, la rescision
pour lésion n'est admissible que pour le copartageant qui n'a
n'a pas eu dans le partage les trois quarts de ce qu'il devait
avoir ; or, il est clair que pour savoir ce qu'il a eu et ce qu'il
devait avoir, c'est la valeur des biens au moment du partage
qu'il faut estimer, non leur valeur actuelle.

L'héritier qui exerce l'action en rescision pour lésion demande que l'indivision soit rétablie et qu'il soit procédé à un
nouveau partage. Ce rétablissement de l'indivision, pouvant
causer de grands préjudices aux tiers acquéreurs, et, par suite,
aux héritiers eux-mêmes qui le subissent, la loi leur permet
d'arrêter le cours de l'action en rescision; et, si déjà la rescision a été prononcée, empêcher un nouveau partage, en fournissant au demandeur, soit en numéraire, soit en nature, le
supplément de sa part héréditaire.

Comme l'art. 892 est le seul qui parle du dol et de la violence, il faut reconnaître que la faculté que la loi, dans l'article 891, accorde au défendeur d'une action en rescision d'em-

pêcher un nouveau partage, en fournissant un supplément, n'appartiendra pas à celui qui n'aurait obtenu le partage que par dol ou violence. Et, en effet, il eût été, il faut le dire, immoral de lui offrir cet avantage.

L'art. 892, ainsi que nous l'avons dit, ne se rapporte qu'au cas de dol ou violence. En effet, si cet article déclare inadmissible l'action de l'héritier qui a aliéné son lot après qu'il s'est trouvé en mesure d'agir en rescision, c'est qu'il voit dans l'aliénation par lui consentie une ratification du partage, une renonciation à son action. Or, l'art. 888 fait voir clairement que, dans le cas de lésion, cette renonciation ne serait pas efficace, alors même qu'elle serait formellement exprimée. Nous savons, en effet, que la transaction intervenue sur un partage rescindable pour cause de lésion n'est pas valable lorsqu'elle a pour objet des difficultés qui ne sont pas réelles. Or, une transaction intervenant sur des difficultés imaginaires, n'est rien autre chose qu'une ratification détournée et déguisée du partage, une renonciation au droit d'en demander la rescision.

L'aliénation, cela est évident, qui est antérieure à la cessation de la violence ou à la découverte du dol, ne constitue pas une ratification du partage; la rescision peut donc en être demandée.

Maintenant, que déciderait-on si, dans le cas de dol ou violence, une aliénation avait été faite par les copartageants qui ont pratiqué le dol ou la violence? L'héritier qui a été la victime peut parfaitement, dans ce cas, attaquer les tiers acquéreurs, et cela par la raison que ceux qui ont ici cédé les biens n'ont pu transmettre à leurs acquéreurs que la propriété qu'ils avaient eux-mêmes, c'est-à-dire une propriété résoluble et rescindable.

Le droit de demander la rescision du partage, pour quelque cause que ce soit, dure dix ans : dans les cas de lésion, le délai

court, pour les majeurs, du jour même de l'acte de partage
(art. 1676); et dans les autres cas, de la cessation de la violence ou de la découverte du dol.

Lorsqu'il s'agit, au contraire, d'un mineur ou d'un interdit,
le délai ne court que du jour de la majorité ou de la levée de
l'interdiction.

(Code Nap., liv. 3, tit. 6, chap. 5, art. 1654-1657; liv. 3, tit. 6, chap. 6,
art. 1658-1685.)

Chez les Romains, quand bien même l'acheteur, une fois que
la vente est conclue, ne paye pas au terme convenu, le vendeur
n'en reste pas moins tenu des obligations que lui impose le
contrat. Pour autoriser le vendeur à rompre le marché, pour
lui donner le droit de garder la chose ou de la reprendre, en
se dégageant de ses obligations envers l'acheteur qui n'exécute pas les siennes, il faut convenir que la vente sera consi-
dérée comme non avenue si le prix n'est pas acquitté dans tel
délai.

Dans notre droit français, au contraire, voici le principe
posé par l'art. 1184 : « La condition résolutoire est sous-en-
tendue dans tout contrat synallagmatique au profit de la partie
envers laquelle l'autre n'exécute pas son engagement. »

Quand l'acheteur ne paye pas son prix, le vendeur peut donc,
d'après le principe que nous venons de voir, soit que le contrat
contienne ou ne contienne pas de stipulation à cet égard, faire
prononcer la résolution de la vente.

Cette faculté pour le vendeur de faire résoudre, à part
l'exception contenue dans l'art. 1978, existe dans toute vente,
soit immobilière, soit mobilière.

La condition résolutoire, disons-nous, existe même dans les
ventes mobilières, et cela, quoique les art. 1655 et 1656 ne

parlent que des immeubles : en effet, les art. 1655 et 1656 ne posent leurs règles spéciales pour les ventes d'immeubles qu'à la suite du principe général posé par l'art. 1654 et qui déclare résoluble toute vente absolument. L'art. 1657, à son tour, ne contredit pas ce principe, comme le prétendent quelques auteurs, mais le confirme au contraire, puisqu'il va jusqu'à permettre la résolution pour le simple défaut de retirement de la chose qui n'a pas la gravité du défaut de payement.

En étendant l'art. 1654 aux ventes mobilières, on voit naître une question délicate. Malgré l'art. 1655 qui n'autorise le juge à accorder un délai à l'acheteur que pour les ventes d'immeubles, ne doit-on pas décider que cette concession de délai doit aussi avoir lieu dans les ventes de meubles ? Je crois qu'il faut répondre par l'affirmative, et voici à cet égard, il me semble, la pensée de la loi : le Code ne permet pas au juge d'accorder un délai, même pour les immeubles, quand le vendeur est en danger de perdre la chose et le prix ; or, comme pour les meubles ce danger existe presque toujours, il n'est pas étonnant que le législateur, se préoccupant ici, comme ailleurs, *de eo quod plerumque fit*, n'ait pas exprimé pour eux la faculté d'accorder le délai. Mais toutes les fois que ce danger, en fait, n'existera pas, le délai pourra sans inconvénient être accordé, soit par analogie de l'art. 1655, soit en vertu de l'art. 1184 qui permet absolument et sans aucune distinction, cette concession de délai pour tous les contrats.

La résolution d'une vente mobilière est impossible quand le meuble vendu est passé dans les mains d'un tiers de bonne foi qui l'a acheté ou reçu en gage, parce que ce tiers peut dans ce cas opposer au vendeur cette règle : En fait de meubles possession vaut titre. Pour ce qui est des immeubles, comme la bonne foi des tiers n'a pas pour effet d'en déplacer la propriété et fait seulement gagner les fruits, le vendeur peut parfaitement exer-

cer son action résolutoire contre tout sous-acquéreur de l'immeuble. Mais le peut-il encore après avoir perdu, par exemple,
par le défaut d'inscription, le privilége attaché à sa créance?
Le vendeur, quoique devenu simple créancier chirographaire,
peut encore agir contre le sous-acquéreur, et voici pourquoi :
il a deux droits distincts, celui d'agir pour son payement en
créancier privilégié, puis celui de reprendre la chose si on ne
le paye pas, la perte du premier le réduit sans doute à n'avoir
plus que le second, mais il a toujours celui-ci; il est toujours
vendeur non payé, et en cette qualité il peut encore faire résoudre la vente.

Le vendeur qui a poursuivi l'acheteur à fin de payement,
peut très-bien, lorsque ces poursuites n'ont servi à rien, exercer son action en résolution. Ainsi, d'après l'art. 1656, même
lorsque le contrat contient la stipulation formelle que faute de
payement au terme convenu la vente sera résolue de plein droit,
le vendeur doit faire sommation de payer avant de demander
la résolution, en sorte que la demande de payement, dans notre
droit, contrairement au système du droit romain, au lieu d'être
un obstacle à l'exercice de l'action résolutoire, en est au contraire une condition. Cet art. 1656, quoique écrit seulement
pour les immeubles, s'applique aussi, nous devons le dire en
passant, aux ventes mobilières, parce qu'il y a, dans un cas
comme dans l'autre, les mêmes raisons de décider.

Quand on dit que le vendeur peut faire des poursuites à fin
de payement sans perdre pour cela son droit de faire proclamer
ensuite la résolution, si la chose devient nécessaire, on
veut seulement parler des rapports du vendeur avec son acheteur. Quand il s'agit, au contraire, des tiers, il en peut être autrement, et si, dans le but d'arriver au payement, le vendeur
avait lui-même provoqué ou approuvé une revente, il est évident qu'il ne pourrait plus faire résoudre au préjudice des tiers-

acquéreurs, parce qu'il y a alors renonciation implicite à l'action résolutoire.

De même, lorsque des créanciers du vendeur, exerçant en son nom l'action en payement contre l'acheteur, reçoivent le prix de celui-ci, ce vendeur ne peut plus faire résoudre ; lorsque ces créanciers n'ont reçu qu'une partie du prix, le vendeur peut encore faire résoudre, mais il doit restituer ce qui a été payé.

La résolution s'accomplit plus ou moins facilement suivant qu'elle est ou non formellement stipulée ; mais une fois accomplie, elle produit dans les deux cas les mêmes effets.

Lorsque la vente porte que, faute de payement dans le terme convenu, elle sera résolue de plein droit, il faut, même dans ce cas, que la résolution soit précédée d'une sommation de payer ; mais aussitôt cette sommation faite et demeurée inutile, la vente est résolue et il n'est plus possible à l'acheteur de se faire accorder un délai par la justice. Au contraire, lorsque la stipulation formelle n'existe pas, mais qu'il y a simplement à appliquer les art. 1184 et 1654, le juge peut, à moins qu'il n'y ait pour le vendeur danger de perdre la chose et le prix à la fois, accorder un délai plus ou moins long suivant les circonstances, sans toutefois que, ce délai passé, il en puisse être accordé un second (art. 1655).

Les effets de la condition résolutoire consistent, l'art. 1183 nous l'apprend, à remettre les choses au même état que si la vente n'avait pas eu lieu. Comme conséquence de cela, l'acheteur restitue le bien avec les fruits qu'il a perçus, ainsi qu'une indemnité, toutes les fois qu'il a causé des dégradations. Le vendeur, à son tour, rend la portion du prix qu'il aurait reçue, ainsi que les intérêts quand l'acheteur lui restitue des fruits. La loi, art. 1652, qui oblige l'acheteur à payer les intérêts de son prix quand la chose est frugifère, n'en dit point autant, il est vrai, du vendeur, mais l'analogie existe entre les deux cas, puisqu'il s'agit, d'un côté comme de l'autre, de ne pas laisser à la même personne les fruits de la chose vendue et les intérêts du prix, et que le vendeur ne doit pas plus s'enrichir au préjudice de l'acheteur, que l'acheteur au préjudice du vendeur.

Le vendeur, qui exerce l'action résolutoire reprend, il n'y a aucun doute sur ce point, la chose franche et libre de toutes servitudes, hypothèques et charges quelconques créées par l'acheteur.

Quelle est la nature de cette action résolutoire? C'est un point controversé que de savoir si cette action est réelle, personnelle ou mixte. La doctrine qui me paraît exacte est celle qui consiste à dire que cette action est mixte quand elle est dirigée contre l'acheteur encore possesseur du bien, personnelle quand il ne possède plus, et réelle quand on s'adresse à un tiers-détenteur. En effet, on entend par action mixte dans notre droit celle qui présente un certain mélange de personnalité et de réalité. Or ce mélange existe certainement dans l'action en résolution intentée contre un acheteur qui possède encore la chose vendue. Que fait, en effet, le vendeur? D'une part, il attaque l'acheteur comme personnellement obligé, vu le défaut de payement, à souffrir la résolution du contrat; d'un autre côté, ce même vendeur embrasse dans son action la revendication de la chose. Lorsque la chose, au contraire, se trouve entre les mains d'un tiers-acquéreur, le vendeur, agissant alors en résolution du contrat contre l'acheteur, et en revendication contre ce tiers-acquéreur, l'action dirigée contre le premier est personnelle et l'autre est réelle.

Quelle est la durée de l'action en résolution? Cette action, tous les auteurs sont ici du même avis, dure trente ans contre l'acheteur; mais elle ne dure que dix ou vingt ans quand elle est dirigée contre un tiers-acquéreur de bonne foi. L'art. 2265, en effet, accorde le bénéfice de la prescription par dix ou vingt ans à toute personne qui acquiert par juste titre et de bonne foi, et on ne voit guère le motif qui éloignerait de cette dispotion le tiers-acquéreur dont il est ici question. L'art. 2265, à la vérité, en opposant le possesseur au véritable propriétaire, laisse entendre qu'il n'est écrit que pour celui qui acquiert *a non domino*. Mais on peut, il me semble, répondre facilement à cette objection : il paraît d'abord extraordinaire que celui qui acquiert *a vero domino*, mais qui a besoin, néanmoins, de prescrire, soit moins favorisé que celui qui acquiert *a non domino*. Si l'on veut d'ailleurs tenir judaïquement au texte, notre cas peut y rentrer très-bien : si le vendeur peut évincer le sous-acquéreur, c'est que, la vente étant résolue par le défaut de payement, ce vendeur, par l'effet rétroactif de la résolution, se trouve n'avoir jamais cessé d'être propriétaire ; ce tiers-acquéreur est donc censé avoir acquis *a non domino*.

D'après l'art. 1657, la vente des denrées et effets mobiliers est résolue de plein droit et sans sommation préalable, après le délai dans lequel il était convenu que l'acheteur retirerait la chose vendue et en payerait le prix. Les denrées et effets mobiliers, en effet, ne circulent pas toujours avec le même avantage dans le commerce ; il y a toujours une grande variation dans leur prix, et le moindre retard peut souvent occasionner un grand préjudice ; la résolution de plein droit prévient justement ce retard.

Dans notre article, comme nous voyons, la loi permet de résoudre de plein droit et sans sommation les ventes de denrées et effets mobiliers, lorsqu'il y a eu convention du terme de retirement de la chose. Mais, lorsque cette convention n'existe pas, non-seulement il faut que le vendeur fasse sommation de retirer, mais même après le terme fixé par cette sommation, l'acheteur pourrait encore retirer la chose, tant que le vendeur n'aurait pas obtenu le jugement prononçant la résolution. Cet art. 1657 contient une disposition exceptionnelle; cette annulation immédiate de la vente pour le seul défaut de retirement à l'époque convenue est une règle trop sévère pour qu'on puisse l'étendre aux cas non prévus; or l'article ne la pose que pour le cas d'un terme convenu.

CHAPITRE VI.

DE LA NULLITÉ ET DE LA RÉSOLUTION DE LA VENTE.

La loi traite, dans ce chapitre, de deux causes particulières d'anéantissement du contrat de vente : 1º le rachat ou réméré; 2º la rescision pour lésion par vilité du prix.

On ne doit pas confondre l'action en nullité ou en rescision avec l'action en résolution.

Les mots nullité et rescision ne s'emploient que pour les cas où le contrat cesse d'exister par suite d'un vice dont il était affecté dès son origine, comme lorsque la vente est entachée de lésion.

Il y a résolution, au contraire, lorsque le contrat, régulièrement formé, se trouve anéanti par suite d'un événement postérieur, prévu expressément ou tacitement par les parties, par exemple, par l'accomplissement d'une condition résolutoire.

SECTION PREMIÈRE.

De la faculté de rachat.

La faculté de rachat ou réméré, dit l'art. 1659, est un pacte par lequel le vendeur se réserve de reprendre la chose vendue,

moyennant la restitution du prix principal, et le rembourse-
ment dont il est parlé à l'art. 1673.

Ces expressions de la loi : rachat, réméré, dont se servaient la
plupart de nos anciens auteurs, notamment Pothier, et adoptées
par le Code, sont inexactes. Prises à la lettre, en effet, elles si-
gnifieraient que le vendeur qui use de cette faculté achète de
l'acheteur la chose qu'il lui a vendue, et pour un prix semblable
à celui qu'il a reçu. De cette manière, comme on le voit, l'exercice du réméré constituerait une seconde vente, dans laquelle
le vendeur primitif jouerait à son tour le rôle d'acheteur, vente
opérant mutation nouvelle de la propriété.

Mais ces expressions, nous le répétons, sont inexactes, et il
faut dire que par l'exercice du réméré la vente se trouve simplement non avenue. Il ne s'agit pas, en effet, pour le vendeur,
de racheter la chose, il ne s'agit pas d'une revente, mais de la
résolution de la vente primitive ; il y a, comme le disait Pothier, non pas *novus contractus*, mais, au contraire, *distractus*.

La vente accompagnée du pacte de réméré est donc une vente
faite sous condition résolutoire. L'acheteur n'acquiert qu'une
propriété résoluble, et le vendeur continue par cela même d'être
propriétaire sous condition suspensive : Si le retrait vient à
s'accomplir, les choses sont remises au même état qu'aupara-
vant : l'acheteur n'a jamais été propriétaire, le vendeur n'a
jamais cessé de l'être, et par conséquent les hypothèques, servitudes et autres charges réelles que l'acheteur aurait concé-
dées seront non avenues. Si, au contraire, la condition vient à
défaillir, ce qui a lieu quand le vendeur laisse passer le délai
sans exercer le réméré, les choses se passent comme si dès le
principe le contrat avait été pur et simple, et en conséquence
tous les droits qui émanent de l'acheteur deviennent irrévoca-
bles.

Lorsqu'une vente a été faite purement et simplement, il n'est

plus possible de stipuler ensuite une faculté de réméré considé-
rée comme condition résolutoire. Par la vente pure et simple,
l'acheteur est devenu propriétaire irrévocable, il ne peut dès
lors que consentir une revente pour laquelle il faudra payer une
seconde fois les droits de mutation, et qui laissera subsister
tous les droits réels concédés par cet acheteur primitif, aujour-
d'hui vendeur.

Dans notre ancien droit le réméré pouvait être stipulé pour
trente, cinquante, cent ans et même pour un temps illimité.
Dans ce dernier cas, Pothier nous l'apprend, il était prescrip-
tible par trente ans.

Le Code, pour ne pas laisser trop longtemps en suspens le
droit de propriété, ne permet de stipuler la faculté de retrait
que pour un délai de cinq années au plus, qui ne peut être, contrairement à ce qui se faisait dans l'ancien droit, prolongé par
le juge et qui court contre toutes personnes, capables, ou inca-
pables. — Lorsque les parties ont fixé un terme de plus de cinq
ans, ce terme n'est pas nul, mais se réduit de plein droit à ce
maximum de cinq années.

Le délai, une fois fixé, ne peut plus être prolongé par les
parties. Nous savons très-bien, en effet, que le pacte de retrait
ne peut pas être ajouté ex-intervallo, et que l'exécution de la
convention ainsi faite après coup serait une seconde vente et
non la résolution de la première ; or la convention d'un nouveau délai de trois ans, par exemple, ajouté après coup au
pacte qui n'était écrit dans la vente que pour deux ans,' ne serait rien autre chose qu'un pacte fait ex-intervallo ; elle ne
pourrait donc valoir que comme vente et serait nulle comme
convention de retrait.

Le vendeur n'a pas besoin, je crois, pour l'accomplissement
du réméré, d'intenter une action contre l'acheteur, et quand
l'art. 1662 parle du défaut d'exercice, par le vendeur, de son

action de réméré, il veut simplement dire son droit de réméré. Par cela seul que ce vendeur, dans les limites du délai, déclare à l'acheteur qu'il veut reprendre la chose et lui offre de lui restituer les sommes auxquelles ce dernier a droit, cela suffit pour empêcher la déchéance.

Le vendeur peut, art. 1664, exercer son réméré contre un second acquéreur, quand même la faculté de rachat n'aurait pas été déclarée dans le second contrat. L'acheteur, en effet, qui n'avait qu'un droit révocable, n'a pas pu transmettre au sous-acquéreur un droit irrévocable.

Lorsque l'objet vendu est mobilier, le réméré ne peut pas être exercé contre un second acheteur de bonne foi, car il est protégé par la règle : en fait de meubles possession vaut titre.

L'acheteur à réméré, quoique sa propriété ne soit pas irrévocable, est cependant propriétaire. De là, comme conséquence, le droit pour lui de consolider sa propriété à l'aide de la prescription, lorsqu'il a acheté *a non domino*. Non-seulement il peut prescrire contre le véritable propriétaire, mais il le peut encore contre les tiers qui ont sur la chose des hypothèques ou des servitudes.

D'après l'art. 1666, l'acheteur peut opposer le bénéfice de la discussion aux créanciers de son vendeur. Quels sont ces créanciers? On peut d'abord supposer qu'il est poursuivi par des créanciers ayant une hypothèque générale. Il peut même être poursuivi par des créanciers ayant une hypothèque spéciale ou même simplement chirographaires, puisque l'article ne distingue pas. Dans ce cas il faut supposer que ces créanciers exercent contre lui l'action en réméré, conformément au principe de l'art. 1166.

Toutes les fois que l'acquéreur à réméré d'une partie indivise d'un héritage, art. 1667, s'est rendu adjudicataire de la totalité sur une licitation provoquée contre lui, il peut obliger

le vendeur à retirer le tout lorsque celui-ci veut user du
pacte.

Dans ce cas, en effet, il est évident que le vendeur lui-même,
si la vente à réméré n'avait pas eu lieu, aurait été forcé, puisqu'on suppose une licitation provoquée contre l'acheteur, ou
d'acquérir l'immeuble en entier ou d'abandonner sa part;
l'acheteur n'a pu conserver cette part qu'en prenant tout l'immeuble. Il est donc naturel que le vendeur soit également tenu
de tout reprendre ou de tout laisser à l'acheteur.

Quand la chose vendue à réméré est divisible, l'action en
réméré est également divisible activement et passivement.
Ainsi, lorsqu'il y a plusieurs covendeurs ou plusieurs héritiers
d'un même vendeur, chacun d'eux ne peut exercer le réméré
que pour sa part. L'acheteur a le droit, cependant, toutes les
fois qu'il a obtenu le bien par une seule et même acquisition
et qu'il a dû compter dès lors le garder en entier ou le rendre
en entier, se refuser au morcellement du bien et exiger que le
réméré se fasse pour le tout. Si les cointéressés ne peuvent pas
s'entendre pour retirer le tout, l'acheteur conserve le bien, à
moins que l'un de ces intéressés ne consente à lui seul à retirer
le tout. L'acheteur, du reste, est libre d'exiger ou de ne pas
exiger ce retrait total : c'est un bénéfice que la loi établit en sa
faveur et dont il peut ne pas user.

L'acheteur ne peut pas exiger un retrait total, lorsque le bien
lui a été vendu par plusieurs séparément. Maintenant il faut se
demander quand un bien est vendu séparément? C'est quand il
l'est par plusieurs actes, et même quand, dans un seul acte,
chacun des covendeurs a stipulé un prix distinct pour la portion à lui appartenant.

Lorsque l'acheteur meurt, laissant plusieurs héritiers, si la
chose, au moment où s'intente l'action, est encore indivise ou
a été partagée entre eux, le vendeur ne peut agir contre chacun

que pour la part qui lui appartient; et lorsque, au contraire, le partage ayant eu lieu, la chose entière se trouve dans le lot d'un seul, ce dernier peut être actionné pour le tout.

Le vendeur qui use du pacte de rachat, doit rembourser le principal et les frais et loyaux coûts de la vente, ainsi que les impenses nécessaires, intégralement, et les impenses utiles, jusqu'à concurrence de la plus-value. Toutefois, si cette plus-value résultant des dépenses utiles est exagérée et dépasse les moyens du vendeur, ce dernier, je crois, peut ne rien rembourser. L'acheteur, dans ce cas, n'a que le droit de conserver tout ce qui peut être enlevé, sans détérioration de la chose.

Le vendeur ne peut contraindre l'acheteur au délaissement qu'après avoir satisfait à toutes ces obligations. Ce dernier a un droit de rétention pour la garantie de restitution du prix.

Le vendeur est aussi tenu, par exception au principe que l'exercice du réméré fait tomber tous les droits qui émanent de l'acheteur, d'exécuter les faux frais sans fraude par l'acheteur : en effet, il serait impossible à ce dernier, sans cette exception, de louer avantageusement la chose.

Nous avons maintenant à nous demander à qui doivent être attribués les fruits produits par l'immeuble entre le moment de la vente et celui du retrait, ou pendants sur cet immeuble à l'une ou l'autre époque? Les parties, tout le monde est d'accord sur ce point, sont regardées comme étant tacitement convenues de compenser entre elles les intérêts et les fruits. Mais comment cette compensation se règle-t-elle? Le système qui me paraît le meilleur est celui qui consiste à dire que tous les fruits, à quelque moment qu'ils soient perçus, appartiendront à chacune des parties au prorata de la durée de son droit de jouissance. Quant au système qui, reposant sur l'art. 585, accorde à l'acheteur la totalité des fruits pendants lors de la vente et au vendeur la totalité de ceux pendants lors du retrait, il doit être repoussé, et voici pourquoi : La règle de cet árt. 585, parfaitement rationnelle en matière d'usufruit, où elle fait courir une chance réciproque aux deux parties, ne peut pas s'appliquer ici, où le vendeur peut faire cesser la jouissance de l'acheteur à tel moment de l'année qu'il lui plaît, et à la veille d'une récolte qu'il prendrait ainsi en entier au détriment de l'acheteur. Ici tout doit se régler d'après la commune intention des parties; or, leur intention est certainement que chacune d'elles soit traitée avec une parfaite égalité, et que les fruits qui passent à l'une à raison des intérêts dont profite l'autre se calculent, comme ces intérêts eux-mêmes, sur la durée du droit de jouissance. Ainsi, si l'intervalle de la vente au retrait a duré une année, l'acheteur a droit à toute la récolte annuelle. Il en est de même pour toutes les années complètes. Si, au contraire, l'intervalle présente une fraction d'année, quatre mois, par exemple, l'acheteur aura droit à un tiers seulement de la récolte de cette année.

SECTION II.

De la rescision de la vente pour cause de lésion.

La lésion, dans notre ancien droit, ainsi que nous le fait savoir Pothier, était une cause d'annulation : 1° dans tous les contrats, quant aux mineurs; et 2° quant aux majeurs, dans les partages, pour lésion de plus du quart, et dans tous les contrats ayant pour objet des immeubles, pour lésion de plus de moitié. Le droit intermédiaire, prenant un système opposé, supprime l'annulation pour lésion quant aux majeurs. Notre Code prend le milieu entre ces deux systèmes et admet l'annulation pour lésion, quant aux majeurs: 1° dans les partages, pour lésion de plus du quart; 2° dans les ventes d'immeubles et pour le vendeur seulement, quand il est lésé de plus des sept douzièmes. Pour les mineurs, la lésion est toujours, comme autrefois, une cause de rescision pour tous les contrats.

Quand un immeuble est vendu pour un prix qui n'arrive même pas aux cinq douzièmes de sa valeur, la loi présume que le vendeur n'a pu se soumettre à une lésion aussi énorme que par suite d'une position malheureuse, d'un besoin impérieux d'argent, et elle lui permet en conséquence de faire annuler la vente comme n'ayant pas été librement consentie.

, La loi ne permet pas la rescision pour lésion dans les ventes mobilières, et cela probablement, parce que la valeur des meubles étant très variable, il eût été souvent très difficile, sinon impossible, de s'assurer si la vilité du prix est concomitante ou postérieure à la vente.

Le mot *immeuble*, de l'art. 1674, s'entend non-seulement des immeubles corporels, mais encore de ceux qui sont incorporels. Notre article, en effet, ne distingue pas. Ainsi, je puis faire rescinder la vente, par exemple, d'une servitude de passage, si je démontre l'existence d'une lésion de plus des sept douzièmes.

La rescision pour lésion est-elle admise dans la vente d'un usufruit, d'une nue propriété, ou faite moyennant une rente viagère? Non, disent quelques auteurs, puisque la vente dans ces trois cas est aléatoire, et que les ventes aléatoires ont été déclarées non susceptibles de rescision pour cause de lésion. Je crois cependant que la rescision, dans l'un de ces cas, pourra avoir lieu, toutes les fois qu'en admettant la réalisation de la chance la plus favorable au vendeur, il existera toujours à son préjudice une lésion de plus des sept douzièmes. Ainsi, qu'un vieillard de quatre-vingts ans vende moyennant une rente viagère de 1,200 fr. par an, un immeuble de 1,000 fr. de revenu net et valant 50,000 fr.; il est évident qu'il y aurait lieu à rescision, puisque même dans le cas où le vendeur vivrait jusqu'à cent ans ou au delà, l'acheteur qui ne paye chaque année que 200 fr. en plus de ce qu'il reçoit, n'aurait ainsi déboursé après vingt ans qu'une somme de 4,000 fr., qui, même avec les intérêts, serait loin de représenter les cinq douzièmes, comme on le voit, de la valeur de l'immeuble.

La clause portant que le vendeur renonce à l'action en rescision pour lésion, qu'il donne à l'acheteur ce que l'immeuble vaut en plus du prix, n'enlève pas et ne peut en effet enlever au vendeur son droit de rescision, car cette clause est infectée du même vice que le contrat lui-même : le vendeur, pressé d'avoir l'argent dont il a souvent le plus grand besoin, accepte toutes les conditions que l'acheteur lui impose, souscrit à tout ce que ce dernier exige de lui.

Pour ce qui est de la renonciation postérieure, elle ne sera pas nulle nécessairement et toujours, comme celle qui se trouve dans le contrat, mais il faut reconnaître qu'elle le sera quelquefois. Ainsi, toutes les fois que la renonciation postérieure réunira ces deux circonstances, qu'elle sera faite, d'une part gratuitement ou pour une somme qui, jointe au prix de vente, n'atteindra pas les cinq douzièmes de la valeur de l'immeuble, et d'un autre côté, à un moment où le vendeur n'aura pas encore reçu le prix de vente, la nullité aura lieu; car autrement l'acheteur pourrait toujours, en suspendant le payement jusqu'à la renonciation, obtenir au moyen de deux actes successifs, sûrement et à vil prix, ce qu'il ne peut obtenir au moyen d'un seul.

L'action en rescision pour lésion se prescrit par deux ans, à partir de la vente. Cette prescription, comme on le voit, est très courte, mais on peut la justifier en disant qu'un plus long délai eût été contraire à l'intérêt général en jetant l'incertitude dans la propriété.

Cette prescription (art. 1676), court contre les femmes mariées, les absents, les interdits et les mineurs. Tout cela était inutile à dire, puisque d'après le droit commun, la prescription court contre les femmes mariées et les absents, et que les petites prescriptions, c'est-à-dire celles qui ne dépassent pas cinq ans, courent également contre les mineurs et les interdits.

La loi, dans ce même art. 1676, ne parle que du mineur venant du chef d'un majeur qui a vendu. C'est qu'en effet, si c'était le mineur lui-même qui eût vendu, non-seulement son action existerait pour toute lésion, même très minime, mais encore elle durerait dix ans au lieu de deux ans seulement.

Pour savoir s'il y a lésion de plus de sept douzièmes, il faut considérer non pas la valeur que l'immeuble présente actuellement, mais celle qu'il avait au moment de la vente. L'accroissement de valeur qui survient dans la chose, postérieurement à cette vente, ne peut devenir pour le vendeur un sujet de plainte légitime.

L'action en rescision, non recevable quand il s'est écoulé deux ans depuis la vente, peut encore être repoussée par l'acheteur quand l'immeuble a péri sans sa faute, puisque la seule obligation que pût faire naître l'admission de la rescision, celle de restituer l'immeuble, se trouve maintenant impossible, sans que cette impossibilité soit imputable à personne, et que le vendeur dès lors n'a plus intérêt à agir. Si c'est, au contraire, par la faute de l'acheteur que la chose a péri, le vendeur a alors le droit de faire constater les faits, pour obtenir contre l'acheteur une condamnation à réparer le préjudice que cette faute lui cause en rendant impossible la restitution du bien.

Lorsque l'immeuble n'a péri, sans la faute de l'acheteur, qu'après avoir été revendu par lui pour un prix supérieur à celui de son acquisition, nos anciens auteurs, notamment Pothier, et sous le Code, quelques auteurs enseignent, et avec

raison, je crois, que le vendeur peut faire prononcer la rescision. Voici sur ce point les paroles de Pothier : « Lorsque l'a-
cheteur a revendu la chose pour un prix plus considérable
qu'il ne l'avait achetée, le vendeur, dans ce cas, en intentant
l'action rescisoire, et en faisant déclarer le contrat nul, a droit
de répéter de l'acheteur la somme pour laquelle il a revendu
la chose plus qu'il ne l'avait achetée. La raison est que le
contrat étant rescindé, la chose est censée avoir appartenu
toujours au vendeur ; cet acheteur en la revendant est dans
le cas de celui qui vend la chose d'autrui. »

Les tribunaux ne peuvent pas prononcer de suite la rescision, en accueillant *de plano* la preuve de lésion que le vendeur pourrait donner ; il faut qu'un premier jugement admette
le vendeur à faire sa preuve, et cette preuve ne peut résulter
que d'une expertise faite d'après les art. 1678-1680 ; puis,
interviendra un second jugement qui prononcera la rescision,
si les juges trouvent la lésion de plus des sept douzièmes suffisamment établie.

Je dis que les juges ne peuvent pas prononcer la rescision
par un premier et seul jugement. En effet, non-seulement les
quatre art. 1677-1680 posent à cet égard une règle absolue et
à laquelle la loi n'admet aucune exception, mais encore cette
exception qui avait été admise par le conseil d'État, pour le
cas où les juges trouveraient dans ce premier jugement la
lésion suffisamment établie, a été rejetée, sur la demande du
Tribunat, lors de la rédaction définitive de la loi. Voici les mo-
tifs du Tribunat : il ne suffit pas que les juges puissent décider s'il y a lésion ou non : quand on se déciderait pour l'affirmative, il faudrait encore connaître la juste valeur de l'objet
vendu, afin que dans le cas où l'acquéreur voudrait user du
droit de retenir l'objet, en payant le supplément du juste
prix, on sache à quelle somme s'élève ce supplément.

Du reste, si les juges sont toujours forcés, du moment qu'ils croient devoir donner suite à la demande, d'ordonner une expertise, ils ne sont pas liés du moins par l'avis des experts. L'expertise n'est exigée qu'afin de les mieux éclairer; ils peuvent donc s'en écarter et en ordonner une nouvelle.

L'existence de la lésion, art. 1681, une fois reconnue, l'acheteur est condamné à restituer l'immeuble, si mieux il n'aime le garder, en payant le supplément du juste prix, sous la réduction d'un dixième du prix total.

Mais pourquoi cette réduction d'un dixième? La loi l'a établie, sans doute, parce que l'estimation des experts n'est pas d'une précision parfaite. Ensuite, les choses ne se vendent pas toujours pour un prix parfaitement égal à leur valeur. Il ne faut pas enlever entièrement à l'acheteur le bon marché sur lequel il a compté, le bénéfice qu'il eût pu retirer d'une vente non entachée de lésion.

L'obligation de l'acheteur, il faut le remarquer, n'est pas alternative, mais simplement facultative; ce qu'il doit, c'est l'immeuble, et le payement d'un supplément de prix est seulement *in facultate solutionis*. L'action en rescision est donc immobilière, puisqu'il s'agit ici d'un immeuble, et qu'une action est immobilière, lorsqu'elle tend *ad quid immobile*, de même qu'elle est mobilière lorsqu'elle tend *ad quid mobile*.

Quand l'acheteur, au moyen du payement de ce supplément du prix, garde l'immeuble, il doit les intérêts du supplément à partir non pas du jour de la vente, mais seulement du jour de la demande en rescision, et cela, par ce motif que l'action en rescision étant imprévue pour l'acheteur, celui-ci doit être considéré comme ayant été de bonne foi jusqu'au jour de la demande.

Lorsque l'acheteur, au contraire, restitue l'immeuble, en réclamant le prix qu'il a payé au vendeur, il doit compte des fruits, mais seulement du jour de la demande, et par le motif, ici encore, qu'il est traité comme possesseur de bonne foi jusqu'au jour de cette demande en rescision. Il doit aussi payer, s'il y a lieu, une indemnité pour les détériorations dont il aurait tiré profit. Quant à celles qui ont été causées par sa négligence, mais sans qu'il en ait profité, il y a une distinction à faire : l'indemnité sera due pour les détériorations postérieures à la demande en rescision, et non pour celles qui sont antérieures.

Le vendeur, lorsqu'il reprend l'immeuble, doit réciproquement rendre à l'acheteur le prix de vente et les intérêts de ce prix, à partir du jour de sa demande. Que si l'immeuble n'avait produit aucuns fruits, les intérêts seraient dus du jour même où le vendeur a reçu ce prix. Il doit, enfin, rembourser à l'acheteur les dépenses utiles qu'il a faites sur l'immeuble, jusqu'à concurrence de sa plus-value, et toutes les sommes par lui déboursées pour réparations nécessaires.

La rescision de la vente la faisant réputer n'avoir jamais eu lieu, fait évanouir, c'est une conséquence que nous avons déjà vue, les aliénations, hypothèques, servitudes ou autres droits réels que l'acheteur aurait pu consentir.

Notre ancienne jurisprudence admettait pour l'acheteur aussi bien que pour le vendeur le bénéfice de la rescision pour lésion. Notre Code décide, au contraire, que la rescision pour lésion n'a pas lieu en faveur de l'acheteur, et sa disposition, je crois, est fort sage ; car la nécessité, la misère peut forcer de vendre, mais jamais d'acheter. L'acheteur ne peut donc jamais se plaindre, à moins qu'il n'ait été victime d'une fraude.

Par exception, la lésion n'est pas une cause de rescision des ventes d'immeubles, qui ne peuvent être faites que d'autorité de justice. Ainsi, comme on le voit, ce n'est pas pour toutes les ventes faites en justice, mais seulement pour celles qui, d'après la loi, ne peuvent pas se faire autrement, que la rescision pour lésion est refusée. Pourquoi cette exception ? C'est que la loi présume, sans doute, qu'en présence de la justice, l'acheteur ne pourra pas abuser de la position du vendeur ; que ce dernier est suffisamment protégé.

QUESTIONS.

I. L'art. 892 ne se rapporte qu'au cas de dol ou de violence, jamais au cas de lésion.

II. Lorsqu'une aliénation a été faite par des copartageants qui ont pratiqué le dol ou la violence, l'héritier victime peut attaquer le tiers-acquéreur.

III. La condition résolutoire pour défaut de payement du prix a lieu dans les ventes mobilières comme dans les ventes d'immeubles.

IV. L'art. 1655 n'autorisait le juge à donner un délai à l'acheteur que dans les ventes d'immeubles, faut-il en conclure que dans les ventes de meubles toute concession de délai serait impossible ? — Non.

V. Le vendeur d'un immeuble peut exercer son action résolutoire contre le sous-acquéreur, même après avoir perdu le privilége attaché à sa créance.

VI. Quelle est la nature de l'action en résolution ? — Il faut distinguer.

VII. La durée de l'action en résolution est de dix ou vingt ans, quand l'immeuble se trouve entre les mains d'un tiers acquéreur de bonne foi.

VIII. Dans une vente mobilière, s'il n'y a pas entre les parties convention d'un terme de retirement de la chose, la résolution n'est pas prononcée de plein droit.

IX. Peut-on, par une convention postérieure à la vente, étendre le terme fixé pour la faculté de retrait, pourvu qu'on reste toujours dans cette limite de cinq années à compter de la vente ? — Non.

X. Lors de la résolution de la vente par suite du réméré, tous les fruits produits par l'immeuble entre le moment de la vente et celui du retrait, ou pendants sur cet immeuble à l'une ou à l'autre époque, appartiendront à chacune des parties au prorata de la durée de son droit de jouissance.

XI. La loi ne distinguant pas, la vente d'un immeuble incorporel peut, comme celle d'un immeuble corporel, être rescindée pour cause de lésion.

XII. La renonciation à l'action en rescision pour lésion, faite dans un acte postérieur à la vente, est-elle valable ? — Il faut distinguer.

XIII. La rescision ne peut pas être prononcée par un premier

et seul jugement, quand même les juges trouveraient immédia-
tement la lésion suffisamment établie.

XIV. Le tribunal n'est jamais forcé de se conformer au rapport
des experts.

XV. Lorsque la rescision pour lésion est prononcée, l'acheteur doit-il indemnité pour les détériorations causées par sa
négligence ? — Il faut distinguer.

Vu par le Président de la thèse,
PERREYVE.

Vu par le Doyen,
C.-A. PELLAT.

www.ingramcontent.com/pod-product-compliance
Lightning Source LLC
Chambersburg PA
CBHW060456210326
41520CB00015B/3966